KB212406

담마빠다

진리의 말씀 붓다의 지혜

담마빠다

• 法句經 धर्मपद DHAMMAPADA •

화령 역주

운주사

佛光照處生蓮華

慈香萬里安心靈

머리말

『담마빠다(Dhammapada)』는 불교 경전 가운데에서 가장 오래된 경전의 하나이다. 완전하게 깨달으신 분, 붓다의 가르침이 가장 순수한 형태로 남아 있는 것이 바로 이 『담마빠다』이다.

담마(Dhamma)는 초기 불교 경전의 언어인 빨리(Pāli)어이며 산스크리트어로는 다르마(Dharma)라고도 하는데, 붓다의 가르침, 혹은 진리를 의미한다. 진리라는 의미 이외에도 여러 다른 의미가 있는데, 때로는 우리에게 나타나는 현상을 의미하기도 하고, 인간이 지켜야 할 규범을 의미하기도 한다. 한자로는 '법法'으로 번역되었다.

빠다(pada)는 '길' 혹은 '말씀', '게송'이라는 의미가 있다. 그래서 담마빠다라고 하면 진리의 길, 혹은 진리의 말씀이라는 의미가 된다.

이 말씀들은 남방불교인 상좌부 불교권에서는 『담마빠다』라는 이름으로 전해졌으며, 동아시아의 한자 문화권에서는 『법구경法句經』이라는 이름으로 전해져 불자들뿐만 아니라 일반 사람들에게도 오랫동안 애송되었다.

'잠 못 드는 자에게 밤은 길고 지친 나그네에게 갈 길은 멀다. 진리를 모르는 어리석은 자에게 윤회의 밤길은 멀기만 하다.'라는 구절이나 '사랑하는 사람도 가지지 말고 미워하는 사람도 가지지 말라. 사랑하는 사람은 못 만나서 괴롭고 미워하는 사람은 만나서 괴롭다.'라는 구절 등은 워낙 유명하여 웬만한 사람들은 한 번쯤 들어봤을 것이다.

불교 경전은 붓다의 말씀을 암송으로 전달해 오다가 수백 년 뒤에 비로소 문자로 정착되었다. 오래된 경전일수록 짧은 형태의 시적인 구절이 많은데 『담마빠다』가 대표적이다. 26장 423개의 게송으로 된 이 경은 남방불교나 북방불교의 모든 불교권에서 가장 인기 있는 경이었다. 대승불교권에서는 『반

야심경』이 가장 많이 읽히는 경이라고 한다면 『담마빠다』 혹은 『법구경』은 모든 불교권에서 가장 인기 있고 쉽게 읽히는 경이었다.

지금까지 우리나라에 전해진 것은 주로 한문으로 된 『법구경』으로, 이를 다시 우리말로 옮겨서 애독하였다. 빨리어나 산스크리트어의 불교 언어에서 언어체계가 확연히 다른 한문으로 그 의미를 간결하게 표현한 것은 매우 탁월한 번역이었다. 그러나 그것이 다시 한글로 옮겨질 때 원래 의미에서 손상이 갈 수밖에 없었다. 나도 그러한 면에서 한문을 저본으로 한 한글 번역본의 부족함을 느끼고 이번에 빨리어 원전인 『담마빠다』를 직역하게 되었다.

그러나 이 또한 쉽지 않은 일이었다. 번역은 제2의 창작이라는 말에서 알 수 있듯이, 짧은 운문을 원래의 의미를 잘 전달하면서 간결하게 번역한다는 것은 실로 어려운 일이었다. 『담마빠다』를 통한 붓다의 가르침을 마음으로 느끼면서 한 구절 한 구절 시를 쓰는 마음으로 다듬었지만 여전히 부족함이 있을 것이다. 이 점에 대해서 독자 여러분들의 양해와 가르침이 있기를 바란다.

아무쪼록 붓다의 고귀한 말씀이 훼손됨 없이 그 의미가 잘 전달되어 사바세계를 건너는 여러분들에게 삶의 길잡이가 되었으면 하는 바람이 간절하다. 이 책이 나오기까지 많은 도움을 주신 선각자들과 법우들에게 감사를 드리며, 붓다의 지혜와 자비의 가르침이 널리 퍼져 이 땅이 하루 빨리 불국정토가 되기를 기원한다.

불기 2566년 8월

화령 합장

일러두기

1. 번역은 영국 빠알리성전협회(Pali Text Society; PTS)의 로마자 본을 저본으로 했으며, 기타 많은 판본과 해설서를 참고하였다.
2. 원래의 의미에 충실하게 직역을 원칙으로 하였다.
3. 직역하기가 어려운 부분은 어쩔 수 없이 원래의 의미가 잘 전달되도록 의역을 하였다.
4. 가능하면 운문의 형식에 맞추려고 하였으며, 전문 용어와 어려운 술어를 최대한 피하고 쉬운 말을 쓰려고 하였다.
5. 동식물의 이름이나 고유명사를 옮김에 있어 내용상 큰 어려움이 없는 부분은 원어 그대로 실었으며, 주석이 필요한 부분은 각주를 달아 설명하였다.
6. 전문적인 불교 용어는 주석을 달아 간단히 설명하였다.

진리의 말씀 붓다의 지혜

담마빠다

제1장 댓구

1

마음은 모든 것의 근본이 된다
마음이 으뜸되어 모든 일을 이루니
나쁜 마음으로 말하고 행동하면
괴로움이 곧바로 그 뒤를 따르리라
마치 수레가 소의 뒤를 따르듯이

2

마음은 모든 것의 근본이 된다
마음이 으뜸되어 모든 일을 이루니
착한 마음으로 말하고 행동하면
즐거움이 곧바로 그 뒤를 따르리라
마치 그림자가 형체를 따르듯이

3

그는 나를 헐뜯고 나를 때렸다
그는 나를 이겼고 내 것을 빼앗았다
이런 생각에 사로잡힌 사람에게
미워하는 마음은 사라지지 않으리라

4

그는 나를 헐뜯고 나를 때렸다
그는 나를 이겼고 내 것을 빼앗았다
이런 생각을 내려놓은 사람에게
미워하는 마음은 마침내 사라진다

5

미움을 미움으로 갚으면
미움은 결코 사라지지 않는다
미워하는 마음을 그칠 때만이
미움은 비로소 풀어지나니
이것은 변함없는 영원한 진리이다

6

남의 허물을 탓하지 말고

힘써 자신을 되돌아보라

무상*한 자신을 깨달아 알면

다툼은 영원히 사라지리라

7

일신의 쾌락만을 좇아 구하며

자신의 감각을 제어하지 못하고

먹고 마심에 절도가 없으며

게으르고 나약하여 정진 않는 사람을

---

* 무상無常: 고정된 상태로 있지 않고 매 순간마다 변화해 가는 것. 이 세상에는 고정불변의 것은 아무것도 없다. 모든 것은 변해 가지만 우리는 그것을 영원한 것으로 착각하여 어리석음을 저지르며 괴로움에 빠진다. 무상에 대한 바른 이해는 불교의 실천에 있어서 매우 중요하다. 그러니 무상을 부정적인 것으로만 받아들여서는 안 된다. 무상하기 때문에 나쁜 것도 좋은 것으로 바꾸어 나갈 수 있다.

마라[*]는 쉽게 무너뜨린다
마치 바람이 약한 풀을 넘어뜨리듯

8

쾌락을 좇아 구하지 않고
온몸의 감각을 잘 제어하며
먹고 마심에 절도가 있으며
항상 즐겁게 정진하는 사람을
마라는 결코 무너뜨리지 못한다
마치 바람이 바위산을 허물지 못하듯

---

[*] 마라(māra): 사람의 생명을 빼앗고 일을 방해하며 괴롭게 만드는 나쁜 귀신. 흔히 말하는 악마에 해당되지만 불교에서 말하는 마라는 훨씬 더 포괄적이고 상징적인 의미를 지닌다. 불교에서는 마음의 번뇌나 애착, 탐욕, 의심, 게으름 등 깨달음을 방해하는 모든 것을 마라라고 부르는 경우가 많다. 즉 바깥에서 힘을 가하는 어떤 존재가 아니라 자신의 안에서 일어나는 온갖 사악한 생각, 즉 번뇌를 마라라고 한다.

9

마음의 더러움 버리지 못하고
탐욕에 이끌려 내달리면서
스스로를 제어하지 못하는 사람
그는 가사*를 걸칠 자격이 없다

10

마음의 더러움 씻어버리고
계행을 지키며 고요하고 침착하게
스스로의 마음을 다스리는 이
그는 가사를 걸칠 자격이 있다

---

* 원문에는 황색 옷으로 되어 있다. 황색 옷은 가사를 말한다. 가사는 출가자가 왼쪽 어깨에서 오른쪽 겨드랑이 밑으로 걸쳐 입는 법복으로서, 가사라는 말 자체가 인도의 kāsā(황색)라는 말에서 나왔다.

11

진실을 거짓으로 여기고

거짓을 진실로 여기는 자는

삿된 소견에 빠지는 것이니

그는 결코 진리에 이르지 못한다

12

진실을 진실로 알고

거짓을 거짓으로 알아서

바른 소견을 지니는 이는

반드시 진리에 이르게 되리라

13

허술한 지붕에 비가 새듯이

마음을 조심해 닦지 않으면

욕망이 스며들어 이를 허문다

14

잘 이은 지붕은 비가 새지 않듯이

마음을 제어하여 닦는 이에게

욕망은 결코 스며들지 못한다

15

악한 짓을 저지른 자는

이 생에서도 괴로워하고

저 생에서도 괴로워한다

자기가 저지른 잘못을 보고

한탄하면서 괴로워한다

16

착한 일을 행한 이는

이 생에서도 기뻐하고

저 생에서도 기뻐한다

자기의 착한 행위를 보고

기뻐하며 행복해한다

17

악한 짓을 저지른 자는

이 생에서도 후회하고

저 생에서도 후회한다

스스로 지은 악을 생각하면서

죄를 받으며 더욱 괴로워한다

18

착한 일을 행한 자는

이 생에서도 기뻐하고

저 생에서도 기뻐한다

스스로 행한 착한 일을 보면서

복을 받으며 더욱 즐거워한다

19

비록 경전은 많이 외워도

깨어 있지 못하고 게으른* 자는

남의 소를 세고 있는 목동과 같이

바른 진리 얻기는 어려우리라

20

비록 경전은 조금 알아도

바르게 행하여 탐진치** 버리고

바른 뜻 깨달아 얽매임 없이

이 생에도 저 생에도 집착 않으면

이런 사람이 진정한 수행자이다

---

* 깨어 있지 못하고 게으른 것을 방일放逸이라고 한다. 수행자는 항상 깨어 있으면서 자신을 살피고 깨달음을 얻기 위하여 노력 정진해야 하는데, 이러한 상태가 느슨해지는 것을 방일이라고 한다. 즉, 마음을 놓아버리고 나태해지는 것.

** 탐진치貪瞋癡: 불교에서는 우리를 괴로움에 빠트리는 세 가지로 욕심〔탐貪〕, 화냄〔진瞋〕, 어리석음〔치癡〕을 들고 있다. 이 세 가지를 삼독三毒이라고 한다.

제2장 깨어 있기

21

깨어 있으면* 죽음의 길을 피할 수 있고

깨어 있지 못하면 죽음의 길로 들어선다

깨어 있는 이는 죽음을 초월하고

깨어 있지 못하면 죽은 것과 같다

22

이러한 이치 밝게 알아서

지혜로운 이는 항상 깨어 있으니

---

* 깨어 있다는 것은 항상 자신의 마음을 살펴서 괴로움의 원인을 제거하고 다시는 괴로움을 만들지 않도록 노력하는 것을 말한다.

그 속에서 즐거움 누리게 되고

마침내 성인의 경지 얻게 되리라

23

항상 깨어서 바른 진리 생각하며

스스로 굳세게 바른 행을 닦으면

괴로움의 모든 굴레 벗어버리고

마침내 진정한 평화* 얻게 되리라

---

* 깨달음 뒤에 오는 괴로움이 완전히 없어진 진정한 평화를 말하는 것으로 불교에서는 이것을 열반涅槃이라고 한다. 열반은 빨리어 닙바나(nibbāna)를 한자로 옮긴 것으로서 니르바나(nirvāna)라고도 한다. 욕심과 성냄, 어리석음의 탐진치를 불에 비유하여 이것이 꺼진 상태를 열반이라고 한다. 즉, 열반이란 우리를 괴롭게 하는 탐진치의 불이 꺼지고 안온한 상태로서, 깨달음 뒤에 오는 진정한 평화를 말한다.

24

바른 생각으로 힘써 정진하고
깨끗한 행동으로 악을 멸하며
스스로 제어하여 청정하게 살면
그 사람의 명성은 더욱 빛난다

25

부지런히 행하며 항상 깨어서
스스로 마음을 다스리는 이는
자신을 섬으로 삼고 의지처로 삼아
어떠한 급류에도 휩쓸리지 않는다

26

어리석은 자들은 진리를 모르고
방일*함에 자신을 던져버리나

---

* 방일(放逸; pamāda): 항상 깨어 있으며 선한 행위를 하기 위해 노력 정진하는 것을 말한다. 수행자는 게으른 것도 경계해야

지혜 있는 사람은 항상 깨어서
부지런히 정진함을 보배처럼 여긴다

27

방일에 자신을 던지지도 않고
욕정의 쾌락도 즐기지 않고
언제나 부지런히 정진하는 자
더없는 안락을 얻을 것이다

28

방일한 마음을 스스로 금하여
그것을 물리친 자 현자라 하네
그는 이미 지혜의 누각에 올라
근심도 벗어놓고 안락을 얻어
어리석은 무리를 내려다본다

하지만 욕망이 이끄는 대로 끌려가지 않고 항상 깨어 있는 마음으로 자신을 살피고 진리를 관찰해야 한다.

마치 산 위에서 아래를 보듯

29

방일한 자 속에서 방일하지 않고
잠자는 무리에서 깨어 있는 이는
날쌘 말이 둔한 말 앞질러 가듯
악을 버리고 앞으로 나아간다

30

제석천*은 방일하지 않음으로써
천신의 무리에서 으뜸이 되었다
방일하지 않으면 칭찬을 받고
방일하면 언제나 비난을 받는다

---

* 원문에는 마가(Magha)로 되어 있다. 마가는 제석천帝釋天이 전생에 사람으로 태어났을 때의 이름이다. 제석천은 고대 인도 신화의 번개신인 인드라로서 천신의 우두머리이다.

31

스스로를 살피며 깨어 있음 즐기고

방일할까 두려워 걱정하는 수행자는

번뇌에 얽혀 있는 모든 속박*을

불과 같이 태워서 없애버린다

32

스스로를 살피며 깨어 있음 즐기고

방일할까 두려워 걱정하는 수행자는

삼계**의 모든 번뇌 끊어 없애니

그는 벌써 열반에 가까이 있다

---

* 불교에서 말하는 속박(samyojana)에는 10가지가 있다.
5개의 큰 속박: ①자신이 존재한다는 신념(sakkaya-ditthi), ②의심(vicikicch), ③규칙이나 의식을 고집함(silabbata-paramasa), ④관능적인 갈망(kama-rāga), ⑤악의, 증오(vyápada)
5개의 작은 속박: ①물질적 존재에의 갈망(rupa-rāga), ②비물질적인 존재에의 갈망(arupa-rāga), ③자만(māna), ④들뜸(uddhacca), ⑤진리를 모르는 무지(avijā)

** 삼계三界: 식욕, 수면욕, 음욕 등의 오욕이 강한 세계인 욕계欲界, 욕계와 같은 탐욕은 벗어났으나 아직도 물질적인 것에 대한 애착이나 관념이 남아 있는 세계인 색계色界, 색계를 벗어난 정신적인 세계이지만 아직도 존재에 대한 욕망인 유애有愛가 남아 있는 무색계無色界, 이 셋을 삼계라고 한다.

제3장 마음

33

마음은 가벼워 이리저리 날뛰니
지키기 어렵고 다루기 어렵다
그러나 지혜 있는 사람은
스스로 마음을 바르게 한다
화살 만드는 사람이 화살을 곧게 하듯

34

마른 땅에 올려진 물고기처럼
마음은 언제나 두려워 떨고 있다
마라의 속박에서 벗어나지 못하고
몸부림치면서 파닥거린다

35

마음은 오로지 욕심을 따라
이리저리 날뛰어 제어하기 어렵다
그러므로 마음을 다스리는 것은
무엇보다 훌륭하며 행복을 가져온다

36

욕심을 따라 날뛰는 마음은
알아보기 어렵고 다루기 어렵다
지혜 있는 사람은 마음을 다스려
그것으로 인하여 행복을 얻는다

37

혼자서 마음대로 돌아다니고
깊은 곳에 숨어서 보이지도 않는
그 마음을 다스려 제어한다면
마라의 속박에서 벗어나리라

38

마음이 들뜨고 진리에도 어두우며
신념*도 없이 흔들리는 사람에게
지혜의 완성은 멀고도 멀다

39

번뇌가 없고 흔들림이 없으며
선과 악도 초월하여 깨어 있으면
그 어떤 두려움도 침범하지 못하리라

40

이 몸은 물병처럼 깨지기 쉬우니
마음을 성처럼 굳건히 세워
지혜로써 번뇌와 싸워 이겨서
그것을 지키되 집착하지 말라

---

* 진리에 대한 확신 혹은 붓다의 가르침에 대한 믿음.

41

이 몸은 오래지 않아

땅으로 돌아가리라

의식이 몸을 떠나면

해골만이 홀로 나뒹굴 것이다

마치 쓸모없는 나무토막처럼

42

적이 적에게 주는 해악보다

원수가 원수에게 주는 해악보다

나쁘게 먹은 마음이 자신에게 주는 해악이

더욱 크게 스스로를 해친다

43

어머니나 아버지 친척이 있어

아무리 나에게 도움을 준들

올바른 마음이 자신에게 주는

그러한 복덕에는 미치지 못하리라

제4장 꽃

44

누가 이 세상과 저 세상
그리고 천신들의 세계를 정복하리오
솜씨 좋은 이가 좋은 꽃만 가려 따듯
누가 진리의 말씀을 거둘 수 있으리오

45

붓다*의 제자는 이 세상과 저 세상

---

* 붓다(Buddha): 완전하게 깨달은 이, 곧 샤카무니 붓다를 말한다. 붓다는 눈을 뜬 사람이라는 의미의 보통명사였으나 고따마 싯다르타만이 완전한 깨달음을 얻었으므로 그분을 지칭하는 대명사가 되었다. 따라서 붓다라고 하면 오직 샤카무니 붓다만을 가리킨다. 흔히 말하는 석가모니 부처님이 바로 이

그리고 천신들의 세계를 정복할 것이다
솜씨 좋은 이가 좋은 꽃만 가려 따듯
붓다의 제자만이 진리의 말씀을
잘 알아듣고 거둘 수 있으리라

46

이 몸은 물거품과 같고
세상은 신기루와 같다
모든 것은 무상하고
헛것임을 아는 이는
마라의 꽃 화살을 꺾어버리고
죽음의 경계를 벗어나리라

47

꽃을 따는 데 마음이 팔리듯
애욕에 탐착하는 어리석은 자를

분이다.

죽음은 순식간에 휩쓸어버린다
잠자는 마을을 홍수가 휩쓸듯이

48

꽃을 따는 데 마음이 팔리듯
애욕에 탐착하는 어리석은 자를
죽음은 순식간에 휩쓸어버린다
그 욕심이 채워지기도 전에

49

벌이 꽃에서 꿀을 모을 때
색과 향은 건드리지 않는 것처럼
성자는 마을에서 그렇게 머문다

50

남의 허물을 보려고 하지 말고
항상 자신을 살펴보아서
바르고 그릇된 것 스스로 알라

51

보기에는 아름다우나

향기가 없는 꽃처럼

아무리 좋고 훌륭한 말도

실천이 없으면 헛된 것이다

52

빛깔도 곱고 향기로운 꽃처럼

실천이 따르는 훌륭한 말은

반드시 그 복을 얻게 되리라

53

좋은 꽃을 많이 모아 꽃다발 만들듯

사람으로 태어나면 선업을 쌓아야

후세에 뛰어난 복 얻을 수 있으리

54

향기는 바람을 거스르지 못하니

전단*이나 재스민도 바람을 못 이긴다

그러나 진실한 이의 덕의 향기는

바람을 거슬러 두루 퍼진다

55

전단과 따가라, 수련과 재스민이

향기롭기 그지없다 자랑하지만

계행**의 향기에는 미치지 못한다

---

* 전단栴檀: 향나무의 이름. 단향檀香이라고도 한다. 이 나무는 향기가 좋아 흔히 좋은 향의 대명사로 쓰인다. 전단향은 불교에서 자주 등장하는 향으로 백단, 황단, 자단 등이 있다.

** 계행戒行: 계를 지키는 것. 불교의 계는 강제적인 것이 아니라 스스로 지키는 것이다. 불교에는 ① 남을 죽이거나 해치지 않는 것. ② 정당하게 주어진 것이 아니면 가지지 않는 것. ③ 부정한 성행위를 하지 않는 것. ④ 거짓말을 하지 않는 것. ⑤ 술과 같은 마음을 어지럽히는 물질을 섭취하지 않는 것 등의 5가지 기본 계가 있다.

56

따가라와 전단향이 좋다고 한들
계를 지키는 사람의 향기는
더욱더 뛰어나 하늘까지 이른다

57

계를 갖추어 방일하지 않고
지혜로써 번뇌를 벗어난 이는
마라도 결코 건드리지 못한다

58

길가에 버려진
쓰레기더미에서
연꽃 한 송이 피어올라
그윽한 향기 뿜어 올리네

59

더럽고 눈먼 중생 속에서

완전하게 깨달으신 붓다의 제자들은

이처럼 지혜로써 밝게 빛난다

제5장 어리석은 자

60

잠 못 드는 자에게 밤은 길고

지친 나그네에게 갈 길은 멀다

진리를 모르는 어리석은 자에게

윤회*의 밤길은 멀기만 하다

61

자기보다 나을 것 없는 이와

괴로워하면서 함께 사느니

차라리 혼자서 사는 게 낫다

어리석은 자와는 벗하지 말라

---

* 윤회輪廻: 업력에 의하여 삶과 죽음을 무한히 반복하는 것.

62

자식과 재산에 집착하면서
어리석은 자는 괴로워한다
이 몸도 진정한 내 것이 아닌데
자식과 재산은 더 말해 무엇하랴

63

어리석은 자가 스스로 어리석음을 알면
그는 이미 지혜로운 사람이고
어리석은 자가 스스로 지혜 있다 여기면
그는 참으로 어리석은 자이다

64

지혜로운 자와 평생을 사귀어도
어리석은 자는 진리를 모른다
마치 숟가락이 국 맛을 모르듯이

65

잠깐 동안 현자와 사귀더라도

지혜로운 사람은 진리를 배운다

마치 혀가 국 맛을 아는 것처럼

66

어리석은 사람은

스스로를 원수 삼아

마음껏 악행을 저지르다가

마침내 큰 재앙에 이르게 된다

67

나쁜 업을 지은 뒤에

울면서 후회한들

이제 와서 그 과보를

어찌할 것인가

68

착한 업을 지은 뒤에는

스스로 기뻐하며

복을 누린다

69

악의 열매가 익기 전에는

어리석은 자도 그것을 즐긴다

그러나 악의 열매가 익고 나면

마침내 괴로움에 빠지게 된다

70

달이면 달마다 재齋를 지내도*

진리를 모르는 어리석은 사람은

---

* 원문에는 '꾸샤라는 풀잎의 끝부분을 매달 조금씩밖에 먹지 않고 단식을 하는 고행을 하더라도'라고 되어 있다. 어리석은 사람은 아무리 고행을 하고 재를 지내더라도 진리에 이를 수가 없다.

참된 법을 아는 아라한*의

16분의 1의 공덕도 없다

71

악행의 결과는 바로 드러나지 않는다

우유가 곧바로 응고되지 않듯이

악행은 재로 덮인 불씨처럼

서서히 자라나 한꺼번에 태운다

---

* 아라한(arahant): 공양을 받을 만한 사람, 혹은 마땅히 공경해야 할 수행자라는 의미인데, 불교에서는 깨달음의 가장 높은 단계에 이른 사람이다. 불교의 깨달음의 단계인 사향사과四向四果의 가장 윗단계로서, 세상의 모든 미혹과 번뇌를 타파하고 다시는 생사를 반복하지 않는 위치의 성인이다. 붓다도 처음에는 아라한이라고 불렸지만 훗날 대승불교에서는 아라한을 폄하하여 소승의 성자에 불과하다고 했다.

72

어리석은 사람이 얻은 지식은
복과 이익을 주기는커녕
스스로 화를 불러 해를 입힌다

73

어리석은 자는 명예를 바라면서
수행자들 사이에서 잘난 척하고
승단에서는 권력을 탐하며
바깥에서는 존경을 바란다

74

재가자와 출가자 모두 내게 달렸고
해야 할 일 말아야 할 일 모두 내 맘대로야
이렇게 생각하는 어리석은 자에게
욕심과 교만은 커져만 간다

75

세간의 이익으로 이끄는 길과

열반으로 이끄는 길이 다르니

깨친 이*의 제자는 이것을 알아

세간의 이익을 탐하지 않으며

고요히 머물러 마음을 다스린다

* 붓다를 말함.

제6장 지혜로운 이

76

자기의 잘못을 지적해 주고
적당히 꾸짖어 주는 사람은
숨겨진 보물을 가르쳐 주듯이
나에게 복이 될 뿐 화는 되지 않는다

77

도반을 가르치고 바르게 이끄는 이를
악인들은 미워하고 착한 이는 공경한다

78

악하고 천한 자와 벗하지 말라
진실하고 고결하며 바른 삶을 사는

훌륭한 이와 벗하여 사귀어라

79

진리를 즐기는 이는 늘 행복하다*
현자는 성인이 가르친 진리 속에서
언제나 즐겁게 안락함을 누린다

80

물을 대는 자는 물을 잘 다스리고
화살 만드는 자는 화살을 잘 다룬다
목수는 나무를 잘 다루고
지혜로운 이는 마음을 잘 다스린다

---

* 원문에는 '진리를 마시는 이는 맑은 마음으로 편안하게 잔다'
라고 되어 있다.

81

단단한 바위는
바람에 흔들리지 않는다
지혜로운 이는
칭찬이나 비난에 흔들리지 않는다

82

맑고 고요한 깊은 호수처럼
지혜로운 이는 법을 듣고
맑고 고요한 마음을 얻는다

83

훌륭한 사람은 집착하지 않으며
욕심을 채우기 위한 말을 삼간다
즐거움이 오거나 괴로움이 닥쳐도
지혜로운 이는 흔들리지 않는다

84

자신을 위해서든 남을 위해서든

아들이나 재산이나 권력을 바라지 않고

나쁜 수단으로 욕심을 채우려 않는 이는

덕이 있고 지혜로우며 훌륭한 사람이다

85

오직 소수만이 저 언덕*에 이른다

많은 이들은 이쪽 기슭에서

서성거리고 있을 뿐이다

86

그러나 진리를 따르는 사람은

마침내 저 언덕에 이르게 된다

---

* 불교에서의 저 언덕(피안)은 괴로움을 벗어난 해탈의 세계를 말하며, 이 언덕(차안)은 괴로움이 가득한 사바세계를 말한다.

그곳에는 죽음도 이르지 못하리

87

지혜로운 이는
어둠을 버리고 빛을 따른다
집을 버리고 한적함을 즐기면서

88

감각의 욕망도 벗어 버리고
세간사 모든 집착 내려놓았네
지혜로운 이는 마음을 닦으며
오로지 열반에만 마음을 쏟네

89

마음을 다스려 깨달음에 머물며
욕심도 내려놓고 집착도 없이
청정함에 빛나는 그런 사람은

지금 이곳에서 열반을 얻는다*

---

* 불교에서 추구하는 열반은 죽어야만 간다는 천당 같은 것이 아니라 탐진치 삼독을 제거하고 깨치게 되면 그것이 바로 열반이다.

제7장 아라한

90

생사윤회의 여로를 끝내고

슬픔과 집착을 벗어난 이에게

더 이상의 괴로움은 존재하지 않는다

91

깨어 있는 이는 속세를 떠난다

속세에서 즐거움을 구하지도 않는다

호수를 떠나는 백조처럼

그는 집을 버리고 떠나버린다

92

소유도 하지 않고 음식을 절제하며
공과 연기*의 도리를 알아
완전한 자유에 마음을 두는 이
그는 마치 하늘의 새처럼
어떠한 자취도 남기지 않는다

93

집착과 번뇌를 벗어버리고
먹는 것에도 욕심내지 않고
완전한 자유에 마음을 두는 이
그는 마치 하늘의 새처럼

---

* 연기緣起: 모든 것은 홀로 존재하는 영원불멸의 것이 아니고 서로가 의지하여 존재하며 인연화합에 의하여 일어나고 멸한다는 이치. 모든 것에는 고정불변의 실체가 없다는 공空사상과 함께 불교사상의 가장 중요한 개념이다. 연기에 의하여 무상無常과 무아無我, 열반의 개념이 성립하고 고苦, 집集, 멸滅, 도道의 사성제四聖諦가 확립된다.

어떠한 자취도 남기지 않는다

94

마부에게 길들여진 말처럼
교만과 집착을 벗어버리고
감각을 제어할 줄 아는 사람
그런 사람은 신들도 부러워한다

95

대지처럼 너그러우며
인드라의 기둥처럼 굳건하고
더러움이 가라앉은 호수처럼
자비롭고 청정한 이에게
윤회의 괴로움은 더 이상 없다

96

완전한 지혜로
열반에 이른 이는

마음이 흔들리지 않으며
말과 행동이 편안하다

97

아무거나 쉽사리 믿지 않으며
나고 죽음 본래 없는 이치를 알아
괴로움의 모든 굴레 벗어버리고
이 세상 온갖 욕심 내려놓은 이
그는 참으로 훌륭한 사람이다

98

마을이나 숲이나
동굴이나 들판이나
아라한이 사는 곳은
언제나 즐거운 곳

99

세속 사람은 재미없어 하지만
성자에게 숲속은 즐겁기만 하다네
세속의 모든 욕심 버려두고서
감각의 즐거움도 돌보지 않기에
그는 숲속에서 즐거움을 누린다

제8장 천 가지

100

쓸모없는 천 마디 말보다
듣고 나서 마음이 평온해지는
그러한 말 한 마디가 더욱 값지다

101

쓸모없는 천 마디 시구보다
듣고 나서 마음이 평온해지는
그러한 시구 하나가 더욱 값지다

102

쓸모없는 백 개의 시를 읊어도
듣고 나서 마음이 평온해지는

진리의 한 말씀이 더욱 값지다

103

백만 대군을 물리친 것보다

단 하나 자신을 정복한 이가

더욱더 훌륭한 승리자이다

104

자신을 다스리고 절제하면서

스스로를 정복하여 다스리는 이

그는 견줄 데 없는 으뜸의 승리자다

105

신이나 건달바*, 범천**이나 마라도

---

* 건달바: 간다바(gandhabba)의 음사音寫로 음악을 담당하는 신. 향기만 먹고 산다고 함.

** 인도의 신화에서 만물의 창조자이며 근원이라는 브라흐만을 신격화 한 것. 불교에서는 불법을 수호하는 호법신의 우두머

이러한 승리자는 이길 수 없으리

106

달마다 천 번씩 백 년 동안 재齋 지내도
자신을 정복한 이 한 순간만 공양하면
그 공덕 무량하여 백 년 공덕 넘으리라

107

숲에서 백 년 동안 불을 섬길지라도
자신을 정복한 이 한 순간만 공양하면
그 공덕 무량하여 백 년 공덕 넘으리라

108

온갖 공물 쌓아 놓고 제사 지내며
일 년 내내 정성껏 치성드려도*

리이다.

* 불교 이외의 외도들이 천신에게 제사 지내거나 기원하는 것.

바른 사람 공경 한 번 함만 못하니
그 공덕의 반의 반에도 미치지 못한다

109

나이 든 사람을 공경하는 이는
장수와 아름다움, 행복과 힘의
네 가지 복락을 언제나 누리리라

110

방종하며 절제 없이 백 년을 사느니
계 지키며 선정에 든 하루가 낫다

111

어리석고 절제 없이 백 년을 사느니
지혜롭게 선정에 든 하루가 낫다

112

방일하고 게으르게 백 년을 사느니
부지런히 정진하는 하루가 낫다

113

백 년을 살더라도 어리석게 사느니
연기를 알고 사는 하루가 낫다

114

불사不死의 경지를 모르고 사는 백 년보다
열반의 경지를 알고 사는 하루가 낫다

115

진리를 모르고 백 년을 살기보다
불법* 진리 알고 사는 하루가 낫다

---

* 원문에는 최상의 진리라고 되어 있다. 이는 곧 붓다가 설한 진리를 말함.

제9장 악

116

착한 일은 서두르고
악한 일은 삼가라
착한 일을 게을리 하면
악한 일을 즐기게 된다

117

악한 일을 저지르더라도
다시는 되풀이하지 말라
악한 일을 즐기는 것은
괴로움의 씨앗이 되리니

118

착한 일은 되풀이하라
착한 일에 마음 두고
선업을 쌓으면
행복과 즐거움이 뒤따라온다

119

악의 열매가 익기 전에는
악한 자도 기쁨을 맛본다
그러나 악의 열매가 익으면
악업의 과보에 괴로워한다

120

선의 열매가 익기 전에는
선한 이도 괴로움을 겪는다
그러나 선의 열매가 익으면
선업의 결과에 즐거워한다

121

나에게는 업보가 없을 것이라고
작은 악을 가벼이 여기지 말라
방울물이 항아리를 채우듯
어리석은 자는 서서히
악으로 가득찬다

122

나에게는 업보가 없을 것이라고
작은 선을 가벼이 여기지 말라
방울물이 항아리를 채우듯
지혜로운 이는 서서히
선으로 가득찬다

123

보물을 지닌 장사꾼이
위험한 길을 피하듯
목숨을 아끼는 이가

독을 피하듯

악을 멀리하라

124

상처가 없는 손에

독이 침범 못하듯

나쁜 마음이 없는 이에게

악은 침범하지 못한다

125

순수하고 청정하며 죄 없는 사람을 해치려 하면

도리어 자기가 해를 입는다

마치 바람을 거슬러 먼지를 뿌리는 것처럼

126

사람은 모태에서 다시 태어나지만

악업을 지은 이는 지옥에 떨어지고

선업을 지은 이는 천상에 태어난다

번뇌를 벗어나 청정한 이는
열반에 이르러 안락을 누린다

127

하늘이든 바다든 산속의 동굴이든
악업을 지은 이가 과보를 벗어나
이 세상에 숨을 곳은 아무 데도 없다

128

하늘이든 바다든 산속의 동굴이든
죽음을 피해 달아날 곳은 아무 데도 없다

제10장 폭력

129

모두가 폭력을 두려워하며
누구나 죽음을 무서워한다
이것을 안다면 남을 해치거나
남으로 하여금 해치게 하지 말라

130

누구나 폭력을 두려워하며
생명은 모두에게 소중한 것이다
이것을 안다면 남을 해치거나
남으로 하여금 해치게 하지 말라

131

살아 있는 모든 것은 행복을 추구한다

자신도 또한 그러하므로

다른 이를 해치거나 괴롭히지 말라

남을 해치면 자신도 온전하지 못하리

132

자신도 행복을 추구하면서

행복을 누리려는 다른 생명을

해치지 않는다면 그의 미래는

행복이 언제나 함께하리라

133

거친 말을 하지 말라

화가 나서 대꾸하면

화가 도리어 자신에게 미친다

134

똑같이 화를 내며 대꾸하지 말고
깨어진 징처럼 조용히 있어라
그러면 그대는 평온을 얻으리라

135

목동이 목장으로 소를 몰고 가듯
늙음과 죽음은 우리를 몰고 간다

136

어리석은 자는 악행을 저지르면서도
그것이 악행임을 알지 못한다
어리석은 자는 자신의 악행 때문에
불에 타는 고통을 겪게 되리라

137~140

착한 사람을 괴롭히는 자는
열 가지 불행 중 하나를 당하게 된다

심한 고통, 노쇠, 상해, 질병, 정신이상

통치자로부터의 박해
끔찍한 비난, 사랑하는 사람을 잃는 것
재화의 손실 중 하나를 경험할 것이다.

불이 그의 집을 태울 것이며*
육체가 허물어진 뒤에는
그는 지옥에 떨어지리라

141

진흙을 바르고 나체로 앉아
머리는 산발한 채 단식을 하더라도
의심을 버리지 못하는 자는
끝끝내 자신을 정화하지 못한다

---

* 욕심과 성냄, 어리석음의 삼독三毒의 불이 자신을 괴롭히고 파멸시키는 것을 말함.

142

차림새는 잘 갖추어 입었더라도
평온하게 살면서 자신을 절제하고
청정하며 진리에 확신이 있으면서
중생을 해치지 않는 고결한 사람은
바라문*이며 구도자이고 수행자이다

143

좋은 말은 채찍이 필요 없듯이
남에게 질책과 비난 받지 않고
겸손하고 자제하는 이가 있다면
그는 참으로 세상에 드문 사람

---

* 바라문: brahmana의 음사. 본래는 인도 사성 계급의 가장 높은 위치에 있는 사제司祭계급임. 여기에서는 품행이 뛰어나고 고결한 진정한 수행자를 일컫는다.

144

채찍만 휘둘러도 내달리는 말처럼

신심과 덕행, 정진과 삼매로

지혜롭게 통찰*하고 진리를 살펴야

극심한 이 괴로움 벗어나게 되리라

145

물을 대는 사람이 물을 잘 다루고

화살을 만드는 이는 화살을

목수는 나무를 잘 다루듯이

덕 있는 이들은 스스로를 다듬는다

---

* 삼매三昧와 통찰: 삼매는 사맛디(samādhi)의 음사로, 정신을 통일하여 한 곳에 집중하는 것을 말함. 이러한 집중력으로 사물을 통찰하는 것을 위빠싸나(vipassanā)라고 함. 사맛디를 지止라 하고 위빠싸나를 관觀이라고 하는데, 불교에서는 이 두 가지를 균형 있게 닦아야 깨달음에 이를 수 있다고 하여 흔히 지관쌍수止觀雙修라고 한다. 예를 들면, 정신이 집중되어야 어려운 문제를 제대로 풀 수 있고 어려운 문제를 푸느라 마음을 쏟다 보면 집중이 저절로 되는 것과 같은 이치이다.

제11장 늙음

146

끊임없이 불타는 이 세상에서

무엇이 우습고 무엇이 즐거운가

무지의 어둠 속에서

그대는 왜 빛을 구하지 않는가

147

보라, 꾸며진 이 모습을

내장을 감싸고 있는

상처투성이의 이 몸을 보라

병들고 욕망으로 가득찬

영원히 지속하지도 못할

더러운 이 몸뚱이를

148

약하고 부서지기 쉬운
병투성이의 이 몸은
죽음과 함께 허물어지리라

149

가을 햇살에 나뒹구는 조롱박처럼
말라비틀어진 잿빛 뼈다귀를 보면서
무엇을 기뻐하고 무엇을 즐거워할 것인가

150

뼈와 살과 피로 이루어진 이 몸 안에는
늙음과 죽음, 자만과 거짓이 깃들어 있다

151

화려한 수레도 낡아 부서지고
우리의 몸도 그렇게 허물어져 간다
그러나 진리와 덕행은 무너지지 않고

선한 이들끼리 서로 전한다

152

배움이 없는 사람은
늙은 황소와 같다
몸은 살찌고 나이가 들어도
그의 지혜는 늘어나지 않는다

153

얼마나 많은 태어남과 죽음을
얼마나 많은 윤회를 거듭했던가
집*을 지은 자는 찾지도 못하고
괴로움 속에서 생사를 거듭했네

* 여기에서의 집은 무명, 곧 탐진치에 의해 만들어진 윤회하는 몸(마음과 육신을 아우르는)을 상징한다.

154

이제 집 지은 자를 알았으니
다시는 집 짓지 않을 것이다
죄업의 서까래는 내려앉고
무지의 대들보는 부서졌다
갈애*는 사라지고
인과의 굴레를 벗어났도다

155

젊어서 청정한 삶 살지도 않고
복덕도 쌓아놓지 못한 자들은
마른 연못의 연약한 백로처럼
늙어서 후회하며 시들어간다

---

* 갈애渴愛: 목이 타는 사람이 물을 찾는 것처럼 욕망의 대상에 집착하는 것.

156

젊어서 청정한 삶 살지도 않고
복덕도 쌓아놓지 못한 자들은
쏘아진 화살처럼 내버려져서
과거를 한탄하며 비통해한다

제12장 자기

157

자기를 참으로 귀하게 여기거든
스스로가 스스로를 지켜야 한다
지혜로운 이는 세 때 중 한 번은
자신을 돌아보고 살펴본다

158

먼저 스스로를 바르게 세우고
그런 다음 다른 이를 가르쳐라
그러면 현자는 비난받지 않으리라

159

남을 가르치듯이

스스로를 그렇게 가르쳐라

자신은 참으로 다스리기 어려우니

그래야만 가르침이 진실이 된다

160

자기만이 자기의 주인이다

누가 달리 자기의 주인이 될 수 있겠는가

스스로를 잘 다스리면

진정한 주인을 만나게 되리라

161

악은 나로 인해 만들어지고

나에게서 생겨나 나를 망친다

금강석이 돌로 된 보석을 부숴버리듯

162

넝쿨이 사라나무를 옥죄듯이
나쁜 행위는 자신을 휘감으며
적들이 그것을 바라는 것처럼
스스로를 옥죄어 파멸시킨다

163

자신을 해치는 그릇된 행위는
쉽게 할 수 있어도
자신을 지키는 올바른 행위는
하기가 어렵다

164

잘못된 견해에 사로잡혀
아라한과 성인과
바르게 사는 이의 가르침을 비웃는
어리석은 자들은
열매 맺은 갈대가 시드는 것처럼

스스로 파멸을 불러들인다

165

악을 행하는 것도
더러워지는 것도
스스로 그렇게 한다
악을 행하지 않는 것도
깨끗해지는 것도
스스로 그렇게 한다
깨끗하고 더러운 것은
자신에게 달린 것
그 누구도 남을 어쩌지 못한다

166

남을 위한답시고
자신의 할 바를 소홀히 말라
자신의 할 일을 먼저 알고
거기에 충실하라

제13장 세상

167

저속한 삶을 살지 말며

방일하지 말라

잘못된 견해를 따르지 말며

세속에 연연하지 말라

168

노력하라 깨어 있으라

도리에 맞게 살라

이 길을 따르는 자는

이생에서나 내생에서

모두 행복하리라

169

도리에 맞게 살며

그릇된 것은 멀리하라

이 길을 따르는 자는

이생에서나 내생에서

모두 행복하리라

170

세상을 거품처럼

신기루처럼 그렇게 보라

그렇게 보는 자는

죽음의 왕도 찾지 못하리

171

황제의 마차와 같은

화려한 이 세상을 보라

어리석은 자는 거기에 집착하고

지혜로운 자는 집착하지 않는다

172

방일에서 정진으로 나아간 사람은

세상을 비춘다

마치 구름을 벗어난 달이

세상을 비추듯

173

과거의 악업을 선행으로 덮은 사람은

세상을 비춘다

마치 구름을 벗어난 달이

세상을 비추듯

174

세상은 어둠인데

바로 보는 자는 드물다

그물에서 벗어나는 새가 드물 듯

오직 소수만이 열반을 얻는다

175

그물을 피해 높이 올라
하늘을 나는 백조처럼
지혜로운 이는 마라를 정복하고
속세를 벗어나 열반에 이른다

176

유일한 법*을 어기고
거짓말을 하며
내세를 두려워 않는 자는
어떠한 악행도 저지른다

177

인색한 자들은 범천**에 나지 못한다

---

* 붓다의 가르침을 말한다.

** 범천梵天: 인도의 신화에 나오는 창조신 브라흐만이 다스리는 하늘나라. 중생들의 죽어서 태어나는 이상향.

어리석은 자들은 보시를 칭찬하지 않는다
지혜로운 이는 보시를 기뻐하며
그로 인하여 내세에도 행복하리라

178

천상에 태어나는 것보다
온 세상을 다스리는 것보다
진리의 흐름에 드는 것이 더 낫다

제14장 붓다

179

그의 승리는 누구도 넘볼 수 없고

결코 정복될 수 없으며

그의 깨달음은 위가 없으며

한 점 그릇됨의 자취도 없으니

무엇이 그를 붙잡을 수 있을까

180

집착과 갈애의 굴레를 벗어난 붓다

그의 깨달음은 무한하며

한 점 그릇됨의 자취도 없으니

무엇이 그를 붙잡을 수 있을까

181

욕망을 벗어나 지혜로우며
선정에 들어 평화로운 그를
천신들조차도 부러워한다

182

인간으로 태어나기도 어렵고
인간으로 살아가기도 어렵다
불법을 듣기는 더욱 어려우며
부처님을 뵙기는 더더욱 어렵다

183

악을 삼가고 선을 행하며
마음을 깨끗하게 하는 것
이것이 모든 부처님의 가르침이다

184

인욕*은 최고의 수행
깨달은 이에게는 열반이 최상
남을 해치는 자는 출가자가 아니며
남을 괴롭히는 자는 수행자가 아니다

185

말이나 행동으로 남을 해치지 않고
계행을 지키며 음식을 절제하고
혼자 떨어져 선정에 드는 것
이것이 모든 부처님의 가르침이다

186

금화가 소나기처럼 쏟아져도
인간의 탐욕은 채울 수 없다

---

* 인욕忍辱: 온갖 모욕과 핍박을 받더라도 마음을 편안하게 가지며 원한을 일으키지 않는 것.

감각적 쾌락은 순간의 달콤함
훨씬 많은 고통이 뒤따라온다

187

붓다의 제자들은
천상의 쾌락조차 탐하지 않는다
그들은 오로지
갈애의 소멸만을 기뻐할 따름이다

188

많은 사람들이 두려움에 질려
의지처를 찾는다
산이나 숲이나 공원이나 신성한 나무
혹은 탑이 있는 곳으로

189

그런 곳은 실로 안전한 곳도 아니며
뛰어난 의지처도 아니다

그런 곳으로 피한다고 하여도

괴로움으로부터 벗어날 수는 없다

190

그러나 누구든

불법승*에 귀의하면

완전한 지혜로

사성제**를 깨닫는다

---

* 불법승佛法僧: 붓다와 붓다의 가르침, 그리고 붓다의 가르침을 실천하며 전달하는 승가를 말하며, 이 3가지는 불자들에게 더없이 소중하기에 세 가지 보배, 즉 삼보三寶라고 한다. 불교 신행의 첫걸음은 삼보에 대한 귀의로부터 시작된다.

** 사성제四聖諦: 4가지의 성스러운 진리라는 의미이다. 즉, 괴로움〔고苦〕, 괴로움의 원인〔집集〕, 괴로움에서 벗어난 상태〔멸滅〕, 괴로움을 벗어나기 위한 방법〔도道〕의 4가지 성스러운 진리가 사성제이다. 불교 수행의 목적은 오로지 괴로움의 실체와 그 원인을 바르게 알고 그것을 제거하는 것이다. 괴로움을 제거하기 위해서는 팔정도를 실천해야 한다.

191~192

괴로움, 괴로움의 원인,

괴로움의 소멸

그리고 괴로움의 소멸에 이르는

여덟 가지 성스러운 길*

이것이 실로 안전한 의지처이며

더없는 의지처이다

이 의지처에 의지하면

모든 괴로움에서 벗어난다

193

깨달은 이는 만나기 어렵다

그는 아무 데서나 태어나지 않는다

그런 분이 태어나는 가문은

---

* 팔정도八正道를 말함. 바른 견해, 바른 말, 바른 생각, 바른 행동, 바른 생활수단, 바른 정진, 바른 통찰, 바른 선정의 8가지.

행복하게 번영한다

194

깨달은 이의 출현은 축복이며

진리의 가르침도 축복이다

승가의 화합도 축복이며

계행을 지키는 불자들의 삶도 축복이다

195~196

공양 받을 만한 분들*인

붓다와 그의 제자들을 공양하며

---

* 아라한(arahant)을 말한다. '존경할 만한 사람', '공양 받을 만한 사람'의 의미이다. 한문으로는 이러한 뜻을 살려 응應 혹은 응공應供이라고 한다. 수행의 완성자로서 붓다도 아라한의 한 분이었다. 대승불교에서는 아라한을 소승의 성자라고 폄하하기도 했으나 아라한의 원래의 의미는 매우 성스러운 것으로서 불교의 수행단계인 사향사과의 가장 윗 단계에 해당된다.

장애를 극복하고 슬픔의 강을 건너

마음의 평온을 얻었다
두려움이 없는 이들을 공양하는 공덕은
헤아릴 수 없을 만큼 크다

제15장 행복

197

미움이 없는 우리는 참으로 행복하다
미워하는 자들 속에서도
미움을 버리고 살자

198

괴로움이 없는 우리는 참으로 행복하다
괴로워하는 사람들 속에서도
괴로움을 버리고 살자

199

욕심이 없는 우리는 참으로 행복하다
욕심 있는 사람들 속에서도

욕심을 버리고 살자

200

가진 것이 없는 우리는

참으로 행복하다

광음천*과 같이 우리는 기쁨을 먹고 산다

201

승리는 미움을 낳고

패배는 슬픔을 낳기에

승리도 패배도 모두 버리면

고요 속에서 행복하리라

---

* 광음천光音天: 천신의 하나로, 입에서 광명을 내어 말을 대신 한다고 함.

202

탐욕보다 더한 불이 없고

증오보다 더한 악이 없다

오온[*]보다 더한 재앙이 없으며

열반보다 더한 행복이 없다

203

탐욕은 가장 큰 괴로움이요

애착은 가장 큰 슬픔이다

이것을 여실히 알면

최상의 행복인 열반에 이르리라

---

* 오온五蘊: 불교에서 인간의 구성 요소를 5가지로 분석한 것. 우리의 신체인 색色, 느낌인 수受, 느낀 것을 마음에 떠올려 개념화하는 작용인 상想, 의지작용인 행行, 종합적으로 판단하고 구별하는 작용인 식識을 말함.

204

건강은 더 없는 이로움이요
만족은 가장 큰 재산이다
믿음은 최상의 벗이요
열반은 최고의 행복이다

205

고요와 평온의 맛을 알면
두려움과 근심을 떠나게 된다
진리의 기쁨을 맛보면서

206

성인을 보는 것은 좋은 일이며
그들과 함께하면 항상 즐겁다
어리석은 자들을 보지 않는 것
그것 또한 언제나 행복이라네

207

어리석은 자들과 가까이 지내면
참으로 오랫동안 괴로워하리라
어리석은 자들과 함께 지내면
적들과 함께하듯 언제나 괴롭다
그러나 현명한 이와 가까이 하면
친척들과 함께하듯 항상 즐겁다

208

굳건하고 지혜롭고 학식이 있으며
인욕하고 독실한 어진 이를 따르라
마치 달이 언제나 하늘 길을 따르듯

제16장 애착

209

하지 말아야 할 것을 하고

해야 할 것을 하지 않으며

도를 버리고 쾌락을 좇는 자는

명상에 잠겨 마음을 닦는

청정한 사람을 부러워한다

210

사랑하는 사람도 가지지 말고

미워하는 사람도 가지지 말라

사랑하는 사람은 못 만나서 괴롭고

미워하는 사람은 만나서 괴롭다

211

그러므로 어떠한 것에도 집착하지 말라

소중한 것을 잃는 것은 괴롭다

좋아하는 것도 싫어하는 것도 없으면

속박도 없고 굴레도 없다

212

애착에서 근심이 생기고

애착 때문에 두려움이 생긴다

애착이 없는 사람에게는

근심도 없고 두려움도 없다

213

사랑은 슬픔을 낳고

사랑에서 두려움이 생긴다

사랑할 것이 없는 사람은

슬픔과 두려움의 속박에서 벗어난다

214

쾌락은 슬픔을 낳고

쾌락에서 두려움이 생긴다

쾌락을 버린 사람은

슬픔과 두려움의 속박에서 벗어난다

215

욕망은 슬픔을 낳고

욕망에서 두려움이 생긴다

욕망을 버린 사람은

슬픔과 두려움의 속박에서 벗어난다

216

갈애는 슬픔을 낳고

갈애에서 두려움이 생긴다

갈애를 버린 사람은

슬픔과 두려움의 속박에서 벗어난다

217

덕과 통찰력을 지니고

진리에 입각하여 진실을 말하며

자신의 의무를 다하는 이

사람들은 그를 존경하고 아낀다

218

오직 열반을 추구하며

감관의 쾌락을 제어하는 이

그를 일러

생사의 흐름을 거스르는 이라고 한다

219

집 떠난 지 오래되어 무사히 돌아온 사람을

친척과 친구들은 반가이 맞이한다

220

이 세상에서 저 세상에 갈 때도
공덕을 쌓은 사람은 그와 같이
스스로의 복으로 환영받는다

제17장 화

221

성냄도 버리고 자만도 버려라
몸에도 마음에도 집착하지 않고
모든 속박을 벗어난 이에게는
괴로움이 결코 따르지 않으리라

222

폭주하는 마차를 잘 제어하듯
치미는 화를 다스리는 사람을
나는 진정한 마부라고 부른다
다른 사람들은 단지 고삐만 잡고 있을 뿐

223

온화함으로 화를 다스리고

선으로 악을 이겨라

보시로 탐욕을 다스리고

진실로써 거짓을 이겨라

224

진실을 말하라 그리고 화내지 말라

아무리 적은 것이라도 베풀어 주라

이 세 가지 미덕만으로

그는 신들의 곁에 갈 수 있으리라

225

남을 해치지 않으며

스스로를 다스리는 성자는

불사의 경지에 올라

더 이상 괴로워하지 않는다

226

항상 깨어 있으며

열반에 뜻을 두고

밤낮으로 정진하는 이에게

마침내 번뇌는 사라지리라

227

아툴라여!

이것은 예전부터 있던 말이다

말을 하지 않건

말을 많이 하건

말을 적당히 하건

사람들은 그를 비난한다

사람은 누구나 비난 받기 마련이다

228

비난만 받거나

칭찬만 받는 사람은

이 세상에 아무도 없다
그것은 예전에도 그랬고 지금도 그렇다

229~230

그러나 어진 이들이
이 사람은 행위에 흠이 없고
총명하며 지혜와 덕을 갖추었다고
언제나 잘 살피고 칭찬한다면

잠부강의 금으로 만든 금화 같은 그를
어느 누가 욕하겠는가
천신도 범천도 칭찬하리라

231

화를 살피고
화를 다스려라
몸으로 짓는 죄를 삼가고
바르게 행동하라

232

말의 화를 살피고

말의 화를 다스려라

말로 짓는 죄를 삼가고

바른 말을 하라

233

마음의 화를 살피고

마음의 화를 다스려라

마음으로 짓는 죄를 삼가고

바른 마음을 가져라

234

현명한 이들은

몸과 말과 마음을 제어한다

그들은 참으로 그것들을

잘 다스린다

제18장 더러움

235

그대는 이제 시든 낙엽과 같다
죽음의 사자가 그대 곁에 왔구나
저승길의 입구에서 노잣돈마저 없으니

236

스스로 의지처를 만들어라
부지런히 정진하여 지혜로워져라
번뇌를 없애고 청정해지면
성스러운 천상에 이르게 되리라

237

이제 그대는 삶의 끝자락에 왔다

염라대왕을 만나러 갈 시간이다

도중에 쉴 곳도 없는데

노잣돈마저 떨어졌구나

238

스스로 의지처를 만들어라

부지런히 정진하여 지혜로워져라

번뇌를 없애고 청정해지면

다시는 생사를 되풀이하지 않으리라

239

지혜로운 이는

멈추지 않고 차근차근

마음의 때를 벗겨나간다

은 세공업자가

은에서 불순물을 제거하듯이

240

쇠에서 생긴 녹이 그 쇠를 갉아먹듯

죄를 범한 자는

자신의 행위가 스스로를 망쳐

비참한 삶으로 이끌어간다

241

경을 읽지 않음은 학문의 더러움

돌보지 않음은 집의 더러움

가꾸지 않음은 외모의 더러움

깨어 있지 않음은 수행자의 더러움

242

부정한 행위는 여인의 더러움

인색함은 보시자의 더러움

악행은 금생과 내생의 더러움

243

그러한 더러움보다 더한 더러움은
진리를 모르는 무명의 더러움
수행자들이여
이 더러움을 버리고서 청정해져라

244

까마귀처럼 뻔뻔하고 무례하며
오만하고 더러운 자의 삶은
살기는 쉽다

245

그러나 부끄러워할 줄 알고
항상 순수를 추구하며
거짓 없이 성실하게 살면서
깨어 있는 사람은
삶이 어렵다

246~247

산 것을 죽이고 거짓을 말하며

주어지지 않은 것을 훔치고

남의 아내를 범하는 사람

그리고 술에 빠져 사는 사람은

이 세상에서

자신의 뿌리를 파내고 있다

248

그대들이여

이와 같이 알아라

모든 악행은

스스로를 다스리지 못함에서 온다

탐욕과 부도덕으로

기나긴 고통에 빠지지 말라

249

사람들은 신조나 친함에 따라
기분 내키는 대로 보시한다
다른 사람이 받는 음식에 마음이 흔들리면
낮에도 밤에도 평안을 얻지 못한다

250

그러나 흔들리는 마음이 뿌리째 없어지면
그는 참으로 낮이나 밤이나 평안을 누린다

251

애욕보다 심한 불길이 없으며
증오보다 더한 포획자는 없다
어리석음보다 더한 올가미가 없으며
갈애보다 심한 격류는 없다

252

남의 허물은 보기 쉬우나

자신의 허물은 보기 어렵다

남의 허물은

겨를 골라내듯 드러내지만

자신의 허물은

교활한 사기꾼이 나쁜 패를 감추듯

감춰버린다

253

자신의 허물은 고치지 않고

언제나 남의 허물 비난하는 자는

번뇌만 늘어날 뿐 없어지지 않는다

254

텅 빈 허공에 길이 없듯이

외도*에는 참된 수행자가 없다

범부는 세속의 미망을 즐기나

깨달은 이는 그것을 뛰어넘는다

255

텅 빈 허공에 길이 없듯이

불법을 벗어난 곳[**]에

참된 수행자는 없다

세상사에는 영원함이 없으며

깨달은 이에게는 흔들림이 없다

---

* 붓다의 가르침을 벗어난 무리들.

** 원문에는 '바깥'으로 되어 있다. 불법을 벗어난 외도들의 세계를 말함.

제19장 바름

256

선부른 판단은

옳은 일이 아니다

지혜로운 이는 진리에 입각하여

옳고 그름을 잘 구분한다

257

신중하고 공정하게 사람들을 이끌면

그는 정의의 수호자이며

진리에 입각한 바른 이라고 불린다

258

말이 많다고 지혜로운 이는 아니다
미움을 버리고 남을 해치지 않으며
평온을 즐기는 이
그를 일러 지혜로운 이라고 한다

259

말이 많다고 진리의 수호자는 아니다
비록 배운 것이 적더라도
가르침을 실천하는 이
그를 일러 진리의 수호자라 한다

260

머리만 희다고 장로*가 아니다
나이만 먹었지 그는 헛되이 늙은 것이다

---

* 장로長老: 출가한 지 오래되어 대중의 존경을 받는 이.

261

진실과 진리를 알고 실천하며
남을 해치지 않고 스스로를 다스리는 이
번뇌에서 벗어난 지혜로운 이를 일러
참된 장로라 한다

262

질투와 욕심이 많고 교활한 자가
뛰어난 언변과 용모만으로
훌륭하게 되지는 않는다

263

그러나 이러한 것을 뿌리째 뽑아버리고
미움도 벗어버린 지혜로운 이는
참으로 훌륭한 이라고 일컬어진다

264

머리는 깎았으나

계행도 지키지 않고

거짓말을 한다면

그는 수행자가 아니다

265

크든 작든 모든 악을 가라앉힌 이는

악을 가라앉혔기에

비로소 수행자라 일컬어진다

266

걸식만 한다고 수행자가 아니다

법을 갖추고 진리를 실천하는 이

그가 바로 참된 수행자이다

267

선과 악을 버리고 세상을 잘 분별하여

성스러운 생활을 이끄는 이

그를 일러 참된 수행자라고 한다

268~269

침묵만 한다고

어리석고 무지한 자가

성자가 되지는 않는다

그러나 지혜로운 이는

저울질하여 선을 취하고

악을 버리니

그로 인하여 그는 성자가 된다

선과 악의 양쪽을 다 아는 이

그가 바로 참된 성자이다

270

중생을 해치면 성인이 될 수 없다
살아 있는 모든 것을 해치지 않기에
비로소 성인으로 일컬어진다

271～272

단지 계행과 서원*, 학식만으로
혹은 삼매**나 두타행***만으로

범부들이 도달할 수 없는
해탈의 기쁨에 이르지는 않는다
비구들이여

---

* 서원誓願: 종교적 의무를 지킬 것을 스스로 맹세하는 것.

** 선정에 들어 마음이 하나로 통일되는 것.

*** 두타행頭陀行: 두타(dhuta)는 번뇌를 털어버리고 의식주에 탐착하지 않으며 청정하게 불도를 닦는 것으로서 나무 밑이나 동굴, 숲에 머물면서 걸식을 하고 떨어진 옷을 주워 기워 입는 등 모든 것에 절제하며 고행하는 것으로 12가지가 있다.

번뇌를 완전히 벗을 때까지

스스로 만족하며 자만하지 말라

제20장 길

273

도 가운데에는 팔정도가 으뜸이며
진리 중에는 사성제가 으뜸이다
탐욕의 사라짐이 가장 좋은 상태이며
사람 중에 으뜸은 지혜의 눈을 가진 이다

274

이것만이 유일한 길이다
지견*을 맑게 하는 다른 길은 없다
그대들이여

---

* 지견知見: 진리를 바르게 보는 눈. 옳고 그름을 바르게 분별하는 바른 견해.

이 길*을 따르라

이 길만이 마라를 정복하리라

275

너희들이 이 길을 따라간다면

괴로움의 끝을 보게 되리라

번뇌의 화살이 뽑힌 것을 보았기에

나는 그대들에게

이 길을 알리노라

276

정진하라, 그대들이여

여래**는 오직 길을 가리킬 뿐이다

---

* 붓다께서 가르친 사성제와 팔정도의 가르침을 말한다.

** 여래(如來, tathāgata): 붓다를 지칭하는 호칭 가운데 하나이다. 원래는 '윤회를 벗어난 해탈자로서 다시는 인간세계에 태어나지 않는 이'를 가리키는 것으로서 불교 이전부터 쓰인 말이었으나 나중에 붓다를 지칭하는 고유명사와 같이 되었다. 불

이 길을 따라 선정을 실천하면

마라의 속박에서 벗어나리라

277

모든 현상은 무상*한 것이니

이를 지혜로써 꿰뚫어 본다면

세상의 괴로움을 싫어하게 되리라

이것이 곧 청정**에 이르는 길이니라

교에서는 '진리에 이른 분' 혹은 '진리의 세계로부터 온 분'이라는 의미가 더 강하다. 붓다에 대한 호칭은 이밖에도 여래십호如來十號라고 하여 세존, 응공(아라한), 정변지, 명행족, 선서, 세간해, 무상사, 조어장부, 천인사 등이 있다.

* 무상無常: 항상 변해 가는 것. 모든 현상과 사물은 고정된 것이 아니고 그것이 이루어진 조건이 변함에 따라 모습을 달리하는 것을 무상이라 한다. 이를 불교용어로 제행무상諸行無常이라 한다.

**청정淸淨: 모든 괴로움에서 벗어난 상태. 곧 열반을 말한다.

278

무상한 것은 괴로운 것이니*
이를 지혜로써 꿰뚫어 본다면
세상의 괴로움을 싫어하게 되리라
이것이 곧 청정에 이르는 길이니라

279

모든 현상에는 실체가 없으니**

---

* 모든 변해 가는 것에서 인간은 괴로움을 느낀다. 이를 일체개고一切皆苦라고 한다.

** 우리에게 나타나는 모든 현상과 사물에는 고정된 실체가 없다. 심지어는 '나'라고 생각하는 우리 자신까지도 고정된 실체가 있는 것이 아니라 우리의 생각이 '나'라는 허상을 만들어 간다. 우리는 그런 것을 모르고 영원히 변하지 않는 '나'라는 것이 존재한다고 믿으면서 그러한 허상에 집착하고 욕심내면서 스스로를 괴로움에 빠트린다. 이것을 불교용어로 제법무아諸法無我라고 한다. 불교와 다른 종교, 철학과의 분기점은 변함없는 영원의 '나'라는 것을 인정하느냐 아니냐의 차이에 있다. 이상의 제행무상, 제법무아에 열반적정을 더하여 삼법인三法印이라고 하는데, 불교의 가장 중요한 개념이며 이

이를 지혜로써 꿰뚫어 본다면

세상의 괴로움을 싫어하게 되리라

이것이 곧 청정에 이르는 길이니라

280

젊고 힘이 있으나

노력할 때에 노력하지 않고

게으르고 나태하며

의지가 약한 사람은

지혜의 길을 찾지 못한다

281

말을 조심하고 마음을 다스리며

몸으로는 악한 일을 하지 말라

이 세 가지를 청정히 한다면

성인의 도를 이룰 것이다

를 바탕으로 불교의 교리와 실천론이 전개된다.

282

선정에서 지혜가 일어나며

선정이 없으면 지혜도 없다

향상과 쇠퇴의 두 길을 알고

지혜가 늘도록 자신을 다잡으라

283

욕망의 숲을 베어버려라

두려움은 욕망의 숲에서 오느니

나무만 자르지 말라

비구들이여

숲과 나무를 모두 베어버리고

해탈에 이르도록 하라

284

여자에 대한 남자의 욕망은

아무리 작아도 베어버리지 못하면

그의 마음은 얽매이게 된다

마치 송아지가 어미젖을 찾듯이

285

가을의 연꽃을 손쉽게 꺾듯이

자신의 애착을 잘라버려라

붓다께서 설하신 유일한 길

열반의 그 길을 갈고 닦으라

286

장마철에는 여기서 살고

여름과 겨울에는 저기서 살자

어리석은 자들은 그렇게 생각한다

죽음이 바로 곁에 오는 줄도 모르고

287

자식과 재산에만 집착하는 사람을

죽음은 순식간에 휩쓸어간다

홍수가 잠든 마을 휩쓸어가듯

288

자식도 부모도 그리고 친척도
죽음에 사로잡힌 자에게는
그 누구도 의지처가 못된다

289

이 이치를 아는
지혜로운 이는
계행을 지키며
열반으로 가는 길을
서둘러 닦는다

제21장 여러 가지 구절

290

작은 쾌락 버리고서

더 큰 안락 얻는다면

지혜로운 이는 마땅히

작은 것을 버리고서

더 큰 안락 구하리라

291

남에게 고통 주고

자신의 행복 구하는 자

원한에서 끝끝내 벗어나지 못하리라

292

해야 할 것 하지 않고

하지 말 것 해버리는

교만하고 방일한 자에게는

번뇌만 점점 늘어날 것이다

293

그러나 몸을 늘 관찰하고

하지 말아야 할 것을 하지 않고

해야 할 것을 꾸준히 하는

주의 깊고 신중한 이에게는

번뇌가 점점 사라질 것이다

294

부모를 죽이고 끄샤트리아*의 두 왕을 죽이고

---

* 인도의 4가지 계급의 두 번째인 지배계급. 왕족 혹은 무사 계급.

왕국의 백성을 죽이고서
아라한은 흔들림 없이 나아간다*

295

부모를 죽이고 바라문의 두 왕을 죽이고
다섯 번째 호랑이**를 죽이고서도
아라한은 흔들림 없이 나아간다

---

* 부父는 자만심, 모母는 갈애, 두 왕은 죽으면 그만이라는 단멸론과 실체가 있어 영원히 죽지 않는다는 영원론의 그릇된 견해를, 왕국은 육근과 육경, 즉 우리의 감각기관과 그 대상을, 백성은 욕망, 혐오, 집착을 상징한다. 우리에게 괴로움을 가져오는 이러한 것들은 제거하기가 무척 힘들기 때문에 부모나 국왕을 죽인다는 강렬하고 자극적인 표현을 한 것이다.

** 다섯 번째 호랑이는 깨달음을 방해하는 5가지 요소, 즉 욕망, 혐오, 어리석음, 자만, 의심 중에서 5번째인 진리에 대한 의심을 상징한다.

296

고따마*의 제자들은 언제나 깨어 있다
그들은 밤낮으로 붓다를 향해 있다

297

고따마의 제자들은 언제나 깨어 있다
그들은 밤낮으로 붓다의 가르침을 향해 있다

---

* 붓다의 원래 이름은 고따마 싯다르타(Gautama Siddhārtha)였다. 성姓인 고따마는 '좋은 소'를 의미하며 싯다르타는 '모든 것을 성취한다'는 의미이다. 후에 출가하여 깨달음을 열고 '붓다'로 일컬어졌고 '석가족의 성자'라는 의미에서 '석가모니釋迦牟尼'라고 일컬어졌다. 인도말로는 '샤카무니(Śākyamuni)'라고 하는데, 석가는 석가족을 가리키는 샤카의 음사이고 모니는 성자를 의미하는 무니의 음사이다. 따라서 샤카무니는 '샤카족 출신의 위대한 성인'이라는 뜻이다.

298

고따마의 제자들은 언제나 깨어 있다

그들은 밤낮으로 승가*를 향해 있다

299

고따마의 제자들은 언제나 깨어 있다

그들은 밤낮으로 몸을 향해 있다**

---

* 승가는 인도말 상가(saṁgha)에서 왔다. 원래는 일정한 목적을 위하여 함께 모인 집단이나 단체를 가리키는 말로서 '화합하는 대중'이라는 의미를 가지고 있다. 불교에서는 부처님의 가르침을 따르고 실천하며 이를 전파하고 지지하는 역할을 하는 사부대중을 일컫는다. 사부대중이란 남성 출가자인 비구, 여성 출가자인 비구니, 남성 재가신자인 우바새, 여성 재가신자인 우바이의 4그룹을 말한다. 그러나 교단이 출가승 위주로 이어지다 보니 출가승들의 모임만을 승가라고 부르는 경우가 많아졌다.

** 몸의 무상함과 자아가 없음을 관찰하는 것을 의미한다.

300

고따마의 제자들은 언제나 깨어 있다
그들은 밤낮으로 불살생을 즐긴다

301

고따마의 제자들은 언제나 깨어 있다
그들은 밤낮으로 선정을 즐긴다

302

출가생활은 힘들고
즐거움을 찾기 어렵다
가정을 이루어 사는 것도 힘들며
마음 맞지 않는 사람과 사는 것도 괴롭다
나그네*의 삶도 고달프니
나그네도 되지 말고 괴로움에서 벗어나라

---

* 번뇌를 벗어나지 못하고 괴로움 속에서 삶과 죽음을 되풀이 하는 것을 나그네에 비유한 것이다.

303

신심이 있고 계행을 지키며

명예와 복덕을 지닌 이는

어느 곳에 가든지 존경 받는다

304

선한 사람은 멀리서도 빛난다

히말라야 산처럼

사악한 자들은 가까이에서도 보이지 않는다

밤에 쏜 화살처럼

305

홀로 앉아 있고 홀로 잠들며

홀로 부지런히 수행하는 자는

숲에서도 즐거움을 누린다

제22장 지옥

306

거짓말을 하는 자는 지옥*에 간다

한 것을 안 했다고 해도 지옥에 간다

이 둘은 죽은 후에도

여전히 나쁜 짓을 한다

307

가사를 걸쳤으나

악하고 자제력이 없는 자들은

---

* 불교에서는 지옥을 어떤 특정 장소로 보기보다 자신이 저지른 죄업에 의하여 괴로움이 가득한 비참한 상태에 떨어지는 것을 말한다.

자신들의 악행 때문에

지옥에 떨어진다

308

계도 지키지 않고 부덕한 자는

대중의 시주를 받느니

차라리 뜨거운 쇠를 삼키는 것이 더 낫다

309~310

남의 아내를 유혹하는 자는

네 가지 일을 겪는다

비천해지며 언제나 불안하고

비난을 받으며 지옥에 떨어진다

덕을 쌓지 못하고

짧은 쾌락 속에

두려움만 커지며

형벌을 받게 된다

그러니
남의 아내를 가까이 말라

311

잘못 잡은 꾸사풀이 손을 베는 것처럼
그릇된 길을 가는 수행자는 지옥에 떨어진다

312

방일한 말과 행동
서원은 지키지도 않고
청정한 생활을 벗어나면
좋은 과보를 받기 어렵다

313

해야 할 일을 열심히 하라
게으른 수행자는
더러운 먼지만 더 쌓을 뿐이다

314

악한 일을 하느니 그대로 있어라
악행에는 괴로움이 따른다
그보다는 선한 일을 하는 것이 좋다
선행은 괴로움을 가져오지 않는다

315

국경 마을이 안팎으로 지켜지듯이
스스로를 그렇게 지켜라
한 순간도 방일하지 말라
순간을 놓친 자는 지옥에서 괴로워한다

316

부끄러워하지 않을 것을 부끄러워하고
부끄러워할 것을 부끄러워하지 않는 자는
그릇된 견해로 지옥에 떨어진다

317

두려워하지 않을 것을 두려워하고
두려워해야 할 것을 두려워하지 않는 자는
그릇된 견해로 지옥에 떨어진다

318

잘못이 아닌 것을 잘못으로 알고
잘못을 잘못이 아닌 것으로 아는 자는
그릇된 견해로 지옥에 떨어진다

319

잘못을 잘못으로 알고
잘못 아닌 것을 잘못 아닌 것으로 아는 자는
올바른 견해로 좋은 곳에 태어난다

제23장 코끼리

320

전장에서 코끼리가 화살을 견디듯
나도 비난을 견뎌내리라
많은 사람들은 덕이 없기에*

321

길들인 코끼리가 전장에 가면
왕은 가장 좋은 코끼리를 탄다
스스로를 제어하며 인욕하는 이는

---

* 인격과 품성이 갖추어지지 않은, 덕이 없는 사람들이 하는 비난은 옳지 않기에 수행자는 마땅히 이를 견디어야 한다. 어리석고 천한 자들이 숫자가 많다고 하여 항상 옳은 것은 아니다.

그와 같이 사람 중에 으뜸이 된다

322

길들인 노새, 혈통 좋은 신두말,

힘센 꾼자라 코끼리*는 훌륭하다

그러나 스스로를 다스리는 자는

비길 데 없이 더욱 훌륭하다

323

짐승을 타고 열반에 이를 수는 없다

오직 스스로를 제어하는 사람만이 그곳에 이른다

324

재산을 지키는 자**란 별명의

꾼자라 코끼리는

---

* 어금니가 큰 코끼리의 일종.

** 원문은 다나빨라까(dhanapālaka).

발정나면 다루기 힘들다
묶어 놓아도 음식도 먹지 않고
오직 코끼리 숲만 생각한다

325

뒹굴거리며 먹기만 하고
잠만 자는 게으른 자는
먹이로 키운 살찐 돼지처럼
윤회를 거듭하면서
끝없는 괴로움에 시달린다

326

이전에는 이 마음이
내키는 대로 바라는 대로
마음껏 돌아다녔다
이제부터는 마음을 다잡으리라
조련사가 발정난 코끼리 다스리듯이

327

늘 깨어 있어라
그리고 마음을 붙들어라
늪에 빠진 코끼리가 자신을 구하듯
악의 길에서 스스로를 벗어나게 하라

328

지혜롭고 올바른 벗을 만나거든
기쁜 마음으로 그와 함께하라
항상 깨어 있으면서 의지가 되어
모든 고난을 이겨낼 수 있으리라

329

지혜롭고 현명하며 함께 살 만한
올바른 벗을 만나지 못하거든
왕국을 버리고 떠나는 왕처럼
홀로 숲속 거니는 코끼리처럼
차라리 그렇게 혼자서 가라

330

어리석은 자와 함께 사느니
차라리 홀로 다니는 게 낫다
숲속의 느긋한 코끼리처럼
욕심 없이 그렇게 홀로 다녀라

331

벗은 어려울 때 행복을 주며
만족은 언제나 행복을 준다
공덕은 삶의 끝에 행복을 주며
괴로움 없는 그것이 행복이다

332

어머니를 모시는 것도 행복하고
아버지를 모시는 것도 행복하다
수행자를 섬기는 것도 행복하고
어진 이를 섬기는 것도 행복하다

333

늙기까지 계행 지킴이 행복하고
굳건한 신심을 지님도 행복하다
지혜롭게 되는 것도 행복하며
악행을 멀리함도 그대로 행복이다

제24장 갈애

334

방심한 자의 갈애는

칡넝쿨처럼 자란다

숲속의 원숭이가 열매를 찾아다니듯

그는 이 생에서 저 생으로

떠돌아다닌다

335

갈애에 사로잡혀 집착하는 자

그의 슬픔은 무성하게 자라난다

장마철의 비 맞은 비라나* 풀처럼

---

* 비라나(bīrana): 우기에 잘 자라는 잡초의 일종.

336

참기 어려운 갈애를 떨친 이
그의 슬픔은 연잎의 물방울처럼
그렇게 굴러 떨어진다

337

여기 모인 그대들에게 이르노라
우시라* 뿌리를 원하는 이가
비라나 풀을 뽑아버리듯
갈애를 뿌리째 뽑아버려라
강물이 갈대를 꺾는 것처럼
악마가 너를 꺾지 못하도록

338

나무가 잘려도 뿌리가 있으면
다시 살아나는 것처럼

---

* 우시라(usīra): 뿌리에서 향이 나는 식물의 종류.

갈애의 뿌리가 잘리지 않으면
괴로움은 거듭하여 살아나리라

339

쾌락으로 흐르는
서른여섯 개의 격류*는
탐욕에 집착하여
그릇된 길을 가는 자를
휩쓸어버린다

---

* 36개의 격류는 6개의 감각기관(眼耳鼻舌身意)과 6개의 감각대상(色聲香味觸法)에 각각 생기는 3종류의 욕망, 즉 욕애(감각적 쾌락에 대한 욕망), 유애(영원히 존재하고 싶다는 욕망), 무유애(존재하고 싶지 않다고 하는 욕망)를 모두 합한 것이다. 즉 (6×3)+(6×3)=36이 되는 셈이다. 여기에 과거, 현재, 미래가 작용하여 108번뇌를 만든다.

340

감정의 흐름은 사방으로 흐르고
애욕의 칡넝쿨은 끝없이 뻗어간다
애욕의 넝쿨이 뻗는 것을 보거든
지혜로써 그 뿌리를 잘라버려라

341

쾌락과 애욕은 끝없이 생겨난다
쾌락에 집착하여 벗어나지 못하는 자
실로 생사의 괴로움을 반복하리라

342

애욕에 사로잡혀 살아가는 사람들은
올가미에 걸린 불쌍한 토끼처럼
제자리를 맴돌면서 벗어나지 못한다
그들의 괴로움은 끝없이 반복되리라

343

애욕에 사로잡혀 살아가는 사람들은

덫에 걸린 불쌍한 토끼처럼

제자리를 맴돌면서 벗어나지 못한다

그러니 수행자여

애욕에서 벗어나 자유를 누려라

344

애욕의 숲에서 나와

수행의 숲으로 들어갔는데

다시 애욕의 숲으로 달려간다

이 사람을 보라

자유를 버리고서 속박에 다시 묶이려 하네

345

쇠나 나무나 갈대로 된 속박을

지혜로운 이는 속박이라 하지 않는다

더 강한 속박은 재물*과 자식, 그리고 아내이다

346

지혜로운 이는 무겁고 느슨하지만
끊기 어려운 이것들을 속박이라 여긴다
그들은 이것들조차 끊어버리고
감각의 쾌락을 벗어나 자유로이 나다닌다

347

애욕에 빠진 자는
스스로 만든 갈애의 흐름을 따라간다
마치 거미가 자신의 거미줄을 따라가듯이
지혜로운 이는 이를 끊고
무심히 나아간다
모든 괴로움을 완전히 여의고서

---

* 원문은 보석과 귀걸이.

348

저 언덕을 찾아가는 이는
과거와 미래, 현재도 버린다
모든 것이 자유로워진 그는
다시는 윤회에 들지 않으리라

349

망상과 탐욕에 찌들어
쾌락만을 추구하는 이에게
갈애는 점점 자라난다
그에게 속박은 더욱 강해지리라

350

그러나 마음의 고요함을 즐기고
쾌락을 멀리 하는 자
그는 끝내 성취하리라
마라의 속박을 기어이 끊으리라

351

선을 이루어 두려움이 없으며
갈애를 없애고 청정한 이는
존재의 화살을 꺾어버리고
다시는 윤회에 들지 않는다

352

갈애와 집착에서 벗어나
경전의 말씀을 잘 이해하고
문장과 문맥을 잘 아는 이
그를 일러 윤회를 그친
지혜롭고 훌륭한 이라 한다

353

나는 모든 것을 극복하고
모든 것을 안다
어떤 것에도 더럽혀지지 않으며
모든 집착을 버렸고

갈애의 소멸로 자유로워졌다

나는 스스로 깨달은 자이다

그러니 누구를 스승으로 받들 것인가

354

진리의 가르침은 보시 중의 으뜸이며

진리의 가르침을 맛보는 것은

모든 맛의 으뜸이다

진리의 가르침을 받는 것은

모든 즐거움의 으뜸이며

갈애의 소멸은

모든 괴로움을 이기는 것이다

355

재물은 어리석은 자를 해치지만

저 언덕에 이르려는 자는 해치지 못한다

재물에 대한 탐욕으로 어리석은 자는

남들은 물론 자신도 해친다

356

밭을 망치는 것은 잡초
사람을 망치는 것은 탐욕
그러므로
탐욕을 여읜 사람에게 하는 보시는
큰 공덕을 가져다준다

357

밭을 망치는 것은 잡초
사람을 망치는 것은 증오
그러므로
증오를 여읜 사람에게 하는 보시는
큰 공덕을 가져다준다

358

밭을 망치는 것은 잡초
사람을 망치는 것은 무지
그러므로

무지를 여읜 사람에게 하는 보시는
큰 공덕을 가져다준다

359

밭을 망치는 것은 잡초
사람을 망치는 것은 갈애
그러므로
갈애를 여읜 사람에게 하는 보시는
큰 공덕을 가져다준다

제25장 수행자

360

눈을 자제하는 것은 좋은 일이다
귀를 자제하는 것은 좋은 일이다
코를 자제하는 것은 좋은 일이다
그리고
혀를 자제하는 것은 좋은 일이다

361

몸을 자제하는 것은 좋은 일이다
말을 자제하는 것은 좋은 일이다
마음을 자제하는 것은 좋은 일이다
그리고
모든 것을 자제하는 것은 좋은 일이다

모든 감각을 자제하는 수행자*는
모든 괴로움에서 해방된다

362

자신의 손과 발, 말을 자제하는 사람
자신을 완전히 자제하는 사람은
마음이 즐겁고 안정되어
홀로 있어도 만족할 줄 안다
그러한 사람을 수행자라 한다

363

입을 자제하고 현명하게 말하며
우쭐대지 않으면서
이치와 진리를 설하는 수행자

---

* 수행자: 원문은 비구(bhikkhu)로 되어 있다. 비구는 본래 가정을 떠나 유랑하며 걸식하는 남성 수행자를 말하지만, 다른 한편 모든 수행자를 의미하기도 한다.

그의 말은 감미롭다

364

진리를 좋아하고 진리를 즐기며

진리를 깊이 생각하고

진리를 기억하는 수행자는

참된 진리를 벗어나지 않는다

365

자신이 얻은 것을 소중하게 여기며

타인의 것을 부러워하지도 않는다

타인을 부러워하는 수행자는

삼매에 들지 못한다

366

비록 적게 얻더라도 하찮게 여기지 않으며

게으름 없이 청정하게 살아가는 수행자는

신들조차 칭찬한다

367

몸과 마음을 내 것이라 집착 않고

가진 것이 없어도 슬퍼하지 않는 이

그가 바로 참된 수행자이다

368

자비로운 삶을 살면서

붓다의 가르침을 따르는 수행자는

평온하고 고요한 열반을 누리리라

369

수행자여, 배 안의 물을 퍼내라

물이 버려지면 배가 빨리 간다

탐욕과 증오를 버리면

열반에 쉽게 이를 것이다

370

다섯 가지를 끊고

다섯 가지를 버리고*

다섯 가지를 더욱 닦아라**

다섯 가지의 집착***을 버린 수행자는

급류를 건너간 이라 불린다

371

수행자여, 명상****하라

방심하지 말라

---

* 괴로움으로 이끄는 10가지의 속박을 말함. 게송 31의 각주 참조.

** 닦아야 할 5가지는 믿음(saddha), 깨어 있음(sati), 정진(viriya), 집중(samadhi), 지혜(pabba)이다. 오력五力이라고 한다.

*** 5가지 집착은 욕망(raga), 분노(dosa), 무지(moha), 자만심(mana), 잘못된 견해(ditthi)이다.

**** 원문은 jhāya, 명상이라고 번역했지만 원래의 의미는 정신집중(사마타)과 통찰지혜(위빠사나)를 아우르는 말이다.

감각적 쾌락에 흔들리지 말라
방심하여 뜨거운 쇠구슬을 삼키고서
이것이 괴로움이라고
울부짖지 말라

372

지혜 없는 자는 명상을 하지 않고
명상하지 않는 자는 지혜가 없다
선정과 지혜를 갖춘 이는
열반에 가까이 이르게 된다

373

경건한 마음으로 빈 집*에 들어가
조용히 진리를 바라보는 자
그러한 수행자는
더 없는 즐거움을 누리리라

---

* 탐진치를 버린 자신을 빈 집에 비유한 것임.

374

오온의 구성을 알고

그 나타남과 사라짐을 알면

그는 더할 나위 없는 기쁨을 얻고

불사의 경지에 이르리라

375

지혜로운 수행자는 이렇게 시작한다

감관을 제어하고 만족을 알며

출가자의 계를 지키면서

청정하고 부지런한 벗을 사귄다

376

친절하고 바른 행위를 하면서

그러한 가운데에 즐거움을 누리다가

마침내 괴로움의 끝을 보게 된다

377

왓시카 나무가 시든 꽃을 떨궈버리듯

수행자들이여, 탐욕과 증오를 털어버려라

378

행동이 고요하고 말이 고요하며

마음이 고요한 이는

속세의 즐거움을 버렸기에

고요한 이라 불린다

379

스스로를 훈계하고 스스로를 살피며

항상 깨어 있으면서 자신을 지키는 이

그러한 수행자는 늘 즐거움을 누리리라

380

스스로가 주인이고 스스로가 의지처이니

상인이 좋은 말을 다루듯

스스로를 제어하라

381

붓다의 가르침을 따르며
기쁨으로 충만한 수행자는
업의 굴레를 벗어나
열반의 즐거움을 누리리라

382

비록 젊다고 해도
붓다의 가르침에 전념하는 수행자는
구름을 벗어난 달처럼
세상을 밝게 비춘다

제26장 바라문

383

바라문*이여

욕망의 흐름을 끊어라

---

* 바라문은 브라흐마나(brāhmana)의 한자어 표기. 인도의 계급 제도인, 즉 크샤트리아, 바이샤, 수드라와 함께 사성계급을 이루며 가장 윗자리를 차지했다. 나중에는 실권을 거머쥔 크샤트리아를 보좌하는 역할에 그쳤지만 전통적으로 이들은 가장 상층부의 계급으로 인식되었다. 이들은 주로 제사를 관장했고 베다에 대한 지식을 독점했으며 그들의 지위는 세습되었다. 불교 경전에는 고지식하고 가식적인 바라문들을 비판하는 대목이 더러 나오지만 고대의 바라문들은 대체로 학식과 인격을 갖춘 참된 수행자의 대명사로 존중되었다. 이 장에서의 바라문이라는 호칭도 사성계급의 사제司祭역할만을 하는 저속한 바라문이 아니라 참된 인격과 품격과 지혜를 갖춘 진정한 수행자를 상징하는 대명사로 일컬어지고 있다.

감각적 욕망을 힘써 잘라라
바라문이여
연기의 이치를 안다면
그대는 이미 해탈을 아는 자이다

384

바라문이 두 가지 법*으로 저 언덕에 이르면
그는 모든 속박으로부터 자유로워진다

385

이 언덕도 없고 저 언덕도 없으며
이 언덕과 저 언덕을 모두 버려서
더 이상의 두려움과 속박이 없는 이
그를 나는 바라문이라 하네

---

* 두 가지 법은 자제와 통찰.

386

조용히 선정에 들어 애욕을 끊고
의무를 다하면서 번뇌가 없는
최고의 경지에 도달한 이
그를 나는 바라문이라 하네

387

태양은 낮에 빛나고
달은 밤에 빛난다
무사는 갑옷으로 빛나고
바라문은 선정으로 빛난다
그러나 깨친 이는
밤낮으로 빛난다

388

악을 멀리 하기에 바라문이요
고요하게 살기에 수행자라 이른다
더러움을 떨쳐버리기에

그를 일러 참된 출가자라 한다

389

바라문을 해쳐서는 안 된다
해치는 자에게 바라문은
악으로 되갚음해서는 안 된다
바라문을 해치는 자에게는
화가 미치리라
그런 자에게 화내는 바라문도
부끄러워해야 한다

390

쾌락을 절제하는 것
바라문에게 이보다 좋은 것은 없다
남을 해치고자 하는 마음이 그치면
괴로움도 가라앉는다

391

몸과 말과 마음으로

남을 해치지 않는 것

이 세 가지를 제어한 이를

나는 바라문이라고 한다

392

무상의 깨달음을 이룬 이가 설한 진리를

누군가가 배워서 알고 있다면

그를 공경하라

외도들이 제화祭火를 공경하듯이

393

머리의 꾸밈새나 혈통에 의하여

바라문이 되는 것이 아니다

진리를 알고 청정한 삶을 사는

그러한 이가 바라문이다

394

어리석은 자여

머리의 꾸밈새가 무슨 소용이며

양가죽 옷이 무슨 소용인가

그대의 속은 헝클어져 있으면서

겉치레만 하고 있구나

395

누더기 옷을 걸치고

힘줄이 드러나도록 야위었으며

홀로 숲속에서 명상하는 이

그를 나는 바라문이라 하네

396

바라문의 어머니에서 태어났다고

바라문이라 하지는 않는다

그가 세속의 집착을 버리지 못했다면

그저 '그대여'*라고 불릴 뿐이다

397

모든 속박을 끊어버리고

두려움과 불안을 떨쳐버린 이

집착을 뛰어넘어 걸림이 없는 이

그를 나는 바라문이라 하네

398

끈과 밧줄과 쇠사슬의 속박**을 떨쳐버리고

번뇌를 부수어 깨달음에 이른 이

그를 나는 바라문이라 하네

399

모욕과 학대와 투옥에도 화내지 않고

불굴의 인내력으로 견디는 사람

---

* 원문은 보와디(bhovadi). 불교도가 세속의 바라문을 부를 때 '보와디!'라고 불렀다고 한다. '그대여!' 혹은 '벗이여!'라는 의미이다.

** 탐진치의 속박을 말한다.

그를 나는 바라문이라 하네

400

화내지 않고 수행자의 본분을 다하며

덕을 갖추고 욕망에서 벗어나

스스로를 제어하며 최후의 몸*을 지닌 이

그를 나는 바라문이라 하네

401

연잎의 물방울처럼

바늘 끝의 겨자씨처럼

욕망에 더럽혀지지 않은 이

그를 나는 바라문이라 하네

---

* 윤회의 사슬을 끊어 다시는 이 세상에 돌아오지 않으므로 최후의 몸이라 한다. 아라한이 여기에 해당한다.

402

자신의 괴로움이 이 생에서 다했음을 알고

근심을 내려놓고 걸림이 없는 이

그를 나는 바라문이라 하네

403

지혜가 깊고 현명하여

바른 길과 그른 길을 알아

최고의 경지에 이른 자

그를 나는 바라문이라 하네

404

재가자든 출가자든

어느 쪽도 멀리하고

한 곳에 머물지도 않으면서

욕심 없이 사는 이

그를 나는 바라문이라 하네

405

움직이거나 움직이지 않는
모든 것에 폭력을 내려놓고
해치거나 죽이지 않으며
죽게 하지도 않는 이
그를 나는 바라문이라 하네

406

적대하는 자들 가운데에서
적대하지 않고
폭력을 휘두르는 자들 가운데에서
평화로우며
집착하는 무리 가운데에서
집착하지 않는 이
그를 일러 나는 바라문이라 하네

407

탐욕과 증오 그리고
자만과 위선이
바늘 끝의 겨자씨처럼 떨어져 나간 이
그를 나는 바라문이라 하네

408

온화하고 정직하게
유익한 말을 하면서
말로써 사람을 화나게 하지 않는 이
그를 나는 바라문이라 하네

409

길거나 짧거나 크거나 작거나
아름답거나 추하거나 그 무엇이든
내 것이 아니면 취하지 않는 이
그를 나는 바라문이라 하네

410

이 세상도 저 세상도 바라지 않고
집착을 벗어나 자유로운 이
그를 나는 바라문이라 하네

411

탐욕과 집착이 없고
모든 의심을 벗어났으며
불사의 경지에 이른 이
그를 나는 바라문이라 하네

412

선과 악을 초월하여
슬픔과 번뇌에서 벗어나
청정한 이
그를 나는 바라문이라 하네

413

달처럼 깨끗하고 더러움이 없으며

고요하고 명료하여

존재에 대한 애착이 없는 이

그를 나는 바라문이라 하네

414

윤회와 미망의 험난한 길을 건너

저 언덕에 이른 이

선정에 들어 흔들림이 없고

집착을 버리고 걸림 없는 이

그를 나는 바라문이라 하네

415

감각적 쾌락을 모두 버리고

집착 없이 이곳저곳 유랑하면서

생존의 모든 욕망 떨쳐버린 이

그를 나는 바라문이라 하네

416

속세의 갈애를 모두 버리고

집착 없이 이곳저곳 유랑하면서

생존의 모든 욕망 떨쳐버린 이

그를 나는 바라문이라 하네

417

세속의 인연도 끊어버리고

천상의 인연도 바라지 않고

모든 속박 벗어나 해탈한 이

그를 나는 바라문이라 하네

418

좋은 것도 싫은 것도 모두 버리고

집착도 벗어 놓고 평온하게

온 세상을 정복한 이

그를 나는 바라문이라 하네

419

중생들의 죽음과 태어남을 모두 알고

집착을 벗어나 스스로에 만족하며

완전히 깨달아 진리에 눈뜬 이

그를 나는 바라문이라 하네

420

신들도 건달바도 인간들도

그의 자취를 알지 못하며

번뇌를 쳐부수어 아라한이 된 이

그를 나는 바라문이라 하네

421

앞이나 뒤나 혹은 중간의

그 어떤 것도 바라지 않고

가지지 않으며 집착하지 않는 이

그를 나는 바라문이라 하네

422

황소처럼 고귀하고 용감하며

위대한 현인이며 승리자이고

번뇌를 다하고 완전히 깨친 이

그를 나는 바라문이라 하네

423

전생을 알고 내세*를 알며

이제 다시는 태어나지 않을 것이고

완전한 지혜를 갖추고

해야 할 것을 다 성취한 이

그를 나는 바라문이라 하네

---

* 내세來世: 원문은 천국과 지옥으로 되어 있다. 죽음 다음의 세상을 말한다.

지은이 화령(華靈, 이중석)

한국외국어대학교를 졸업하고, 동국대학교 대학원에서 철학박사(불교전공) 학위를 취득하였다.

동국대 역경위원, 불교총지종 교육원장, 보디미트라 ILBF(국제재가불자포럼) 회장 등을 역임하였다.

저서로 『불교, 교양으로 읽다』, 『내 인생의 멘토 붓다』, 『초발심자경문』, 『관세음보살 예찬문』, 『생활불교, 재가불교』, 『대일경주심품』, 『Buddhism in daily life』, 『밀교사상사개론』(공저) 등과 논문으로 「밀교비로자나불의 연구」, 「열린 불교를 위하여」, 「현대사회에서의 재가불자의 삶」, 「승속을 초월한 살아 있는 불교를 위하여」, 「오계준수와 그 현대적 의미」 등이 있다.

담마빠다

초판 1쇄 인쇄 2022년 8월 25일 | **초판 1쇄 발행** 2022년 9월 2일

화령 역주 | **펴낸이** 김시열

펴낸곳 도서출판 운주사

(02832) 서울시 성북구 동소문로 67-1 성심빌딩 3층

전화 (02) 926-8361 | **팩스** 0505-115-8361

ISBN 978-89-5746-707-7 03220 값 14,000원

http://cafe.daum.net/unjubooks 〈다음카페: 도서출판 운주사〉